par Godart
d'Aucour.

Yf 7137

LA DÉROUTE

DES

PAMÉLA,

COMÉDIE

EN UN ACTE EN VERS.

Par Monsieur ✱✱✱ Dauco

Représentée pour la premiere fois par les Comédiens Italiens Ordinaires du Roi, le Lundi 23. Décembre 1743.

A PARIS,

Chez la Veuve PISSOT, Quai de Conti, à la descente du Pont-Neuf, à la Croix d'or.

M. DCC. XLIV.

AVEC PERMISSION.

ACTEURS,

PAMÉLA, } Angloise, ou Madame Paméla.

PAMÉLA, Italienne.

PAMÉLA, Françoise.

ARLEQUIN,

LA MERE BLEUE, } Imprimeuse à Troyes.

SANS RAISON, } Chanteur, Colporteur de la Bibliothéque Bleue.

La Scene est sur le Théatre Italien.

LA DÉROUTE

DES

PAMÉLA.

SCENE PREMIERE.

Madame PAMÉLA, ARLEQUIN.

ARLEQUIN.

JE n'en puis revenir, une autre Paméla ?
Ma foi, je crois que ce nom là,
Va devenir le nom par excellence ;
Que venez-vous chercher en France ?

Madame PAMÉLA.

Hélas! j'y viens chercher deux enfans malheureux

Qui n'ont que trop fait parler d'eux.
Je suis la mere infortunée
De ces deux Paméla dont en vain je rougis,
Et qu'une triste destinée
Pour leur malheur conduisit à Paris.

ARLEQUIN.

Quoi ! ces jeunes beautés du Public si connuës,
Qui pensant acquérir un immortel renom
Avoient fait afficher leur demeure & leur nom
Tous les matins au coin des ruës,
Ce sont vos filles ?......

Madame PAME'LA.

..... Oüi, dites-moi seulement
Laquelle a dans ces lieux choisi son logement.

ARLEQUIN.

Dans cet Hôtel depuis près d'une année
Nous avons reçû votre aînée,
Elle eut quelque revers, mais elle va son train,
Sa sœur cadette est morte au Faubourg S. Germain.

Madame PAME'LA.

Ma fille est morte ? Ah ! que viens-je d'entendre ?

ARLEQUIN.

Avant son arrivée on en parloit beaucoup,
Sous sa protection chacun vouloit la prendre ;
Mais elle est morte tout d'un coup.

Madame PAME'LA.

Tout d'un coup ?

ARLEQUIN.

Oüi, de mort subite,
Je crois qu'on ne la reverra plus
Si quelqu'un ne la ressuscite,
Et vos regrets sont superflus.

Madame PAME'LA.

Eh ! de qui tenez-vous cette affreuse nouvelle ?

ARLEQUIN.

Hélas ! j'ai vû mourir la belle.

Madame PAME'LA.

Eh quoi, témoins de son trépas
Vous ne la secourutes pas ?

A iij

LA DÉROUTE

ARLEQUIN.

Elle ne périt pas faute d'avoir du monde,
Ses beaux yeux en firent la ronde.
L'Assemblée applaudit en voyant Paméla :
Mais par malheur elle parla.
Un froid mortel la prend, elle tombe en foiblesse,
A son malheureux sort aucun ne s'intéresse,
La rage de parler la saisit en mourant,
Enfin elle est morte en parlant ;
Pour avoir trop parlé peut-être,
C'étoit bien la peine de naître.
J'étois à son enterrement,
Et l'on grava ces mots dessus son Monument :
» Ci gît une Beauté dolente
» Qui croyoit arracher des pleurs,
» Mais plus elle fut gémissante,
» Plus elle trouva de rieurs.

Madame PAMÉLA.

Quoi ! ses yeux languissans & son ton pathétique,
N'ont pû détourner ce malheur ?

ARLEQUIN.

Le Public est un mauvais cœur

Qui rit tous les jours au tragique.
Pour moi je pleure amérement
Une si triste destinée.

Madame PAME'LA.

Tâchons au moins de sauver son aînée,
Voulez-vous me servir ?

ARLEQUIN.

Oüi-da , pour de l'argent ?
Chez les Italiens c'est le goût dominant ,
Car l'industrie est notre bénéfice ,
Depuis un tems nous vivons d'artifice.
A force de polir , d'éguiser notre esprit ,
Il est devenu si petit ,
Qu'il a bien falu nous résoudre
A la fin de le mettre en poudre ;
C'est à présent un esprit tamisé ,
Voilà ce qu'on appelle être bien avisé.
Mais de vous aider je pétille ,
Je suis fort peu content de votre fille ,
Et je ne sçaurois m'applaudir
D'avoir l'honneur de la servir.

LA DE'ROUTE

Madame PAME'LA.

Mais sa condition est donc bien misérable?

ARLEQUIN.

Mon sort chez elle est peu flatteur,
J'y joüe un vrai rolle de Diable *.

Madame PAME'LA.

Que n'a-t-elle éprouvé le destin de sa sœur?
J'aimerois mieux la sçavoir morte.

ARLEQUIN,

Ah! trop de zéle vous transporte,
Nous aimons mieux quelqu'un qui va cahin, caha,
Que quelqu'un qui demeure là.

Madame PAME'LA.

Je veux l'enfermer pour sa vie.

ARLEQUIN.

Doucement, je vous en supplie,

---

* *Dans la Paméla des Italiens, Arlequin fait le rolle d'un Diable couleur de rose, & n'a que quatre Vers à dire.*

Ne prenez pas un ton si haut.
Il ne faut presque rien pour la mettre au tombeau.

Madame PAME'LA.

Que par vos soins elle soit retrouvée.

ARLEQUIN.

En cet endroit vous pouvez vous tenir,
Et devant vous je la ferai venir
Sitôt qu'elle sera levée. *Il sort.*

SCENE II.

Madame PAME'LA, PAME'LA *Italienne.*

PAME'LA *Ital.*

QUE cherche cette Dame-là !
Toujours quelqu'un survient lorsque je veux
écrire ;
Auriez-vous par hasard quelque chose à me dire ?

Madame PAME'LA.

Non, Madame, je veux parler à Paméla.

LA DE´ROUTE

PAME´LA *Ital.*

Que lui voulez-vous ? c'eſt moi-même.

Madame PAME´LA.

Vous n'avez aucun de ſes traits,
Vous Paméla ! ma ſurpriſe eſt extrême ;
Non, vous ne la fûtes jamais ;
Prendre ce nom juſques en ma préſence !

PAME´LA *Ital.*

Madame, calmez ce couroux,
Eh que ce nom a-t-il de commun avec vous ?

Madame PAME´LA.

Vous me déshonorez en France.

PAME´LA *Ital.*

Je vous déshonore, qui moi ?

Madame PAME´LA.

Vous me couvrez de honte & toute ma famille,
En prenant le nom de ma fille.

PAME'LA *Ital.*

à part. Je commence à trembler d'effroi.

Madame PAME'LA.

Fourbe , redoutez ma vangeance ,
Par tout je vais vous démasquer.

PAME'LA *Ital.*

De grace gardez le silence ,
On n'est déja que trop enclin à critiquer.

Madame PAME'LA.

Qui plus que vous mérite la satyre ?

PAME'LA *Ital.*

Hélas ! j'en suis assez l'objet.

Madame PAME'LA.

Sur vos défauts pourroit-elle en trop dire ?
Qui lui donna plus de sujet ?
Vous rougissez, parlez, car il faut me répondre ;
Etes-vous née en ce païs ?

PAME'LA *Ital.*

Hélas non ! un * *François à Londres*
Le premier me fit voir Paris.
J'avois un autre nom ; mais à mon arrivée
Il me donna celui de Paméla.
Pour joüir de sa renommée ,
Convaincu que sous ce nom-là
Tout d'un coup du Public j'allois être adorée ,
Son histoire venoit d'être ici publiée.
Je pris donc un habit François :
Mais bien loin que cet équipage
M'ait procuré quelqu'avantage ,
Je parus plus mal qu'en Anglois.

Madame PAME'LA.

C'est pourtant sous votre figure
Que chacun peint ma fille , on lui prête vos traits.
Voilà , petite Créature ,
De quoi vous perdre pour jamais.
En croyant vous noircir , on a noirci sa vie ,
Pour elle on vous prend chaque jour ,
Quoique vous n'en soyez qu'une fade Copie.

* *L'Auteur de la Paméla des Italiens a donné une Comedie intitulée,* Le François à Londres

Certain petit Marquis a pour vous de l'amour ;
Vous voulez joüer la Cruelle,
Afin d'imiter Paméla. . . .

PAME'LA *Ital.*

N'ai-je donc pas agi comme elle ?
Tant que le Marquis ne parla,
N'aima que pour le badinage,
Je ne voulus pas l'écouter,
Je ne cédai qu'au nom de mariage ;
Une fille à ce mot peut-elle résister ?

Madame PAME'LA.

Il eut bientôt l'art de vous plaire,
Il entreprend de toucher votre cœur :
Vous dites non ; mais un Danseur
Et deux chansons en font l'affaire,
Et vous ne déshonorez pas
Ma fille, ma famille entiere,
Moi-même toute la premiere ?
Je sçaurai vous punir. . . .

PAME'LA *Ital.*

à part. . . . Quel mortel embarras !

Madame PAME'LA.

J'ai des protections en France,
Pour mettre en sûreté des filles comme vous,
On trouve des moyens je pense.

PAME'LA *Ital.*

Souvent aussi les Grands ont des égards pour nous,
Et le Public enfin ne m'a point mal reçûë ;
Après quelques corrections,
Avec plaisir il m'a revûë,
En musique, en ballets, en décorations,
Je ne suis pas trop mal pourvûë,
Et sûre désormais de sa protection,
De ma témérité, quoi que vous puissiez dire,
A tout Paris je vais écrire. *Elle sort.*

SCENE III.

ARLEQUIN, *Madame* PAME'LA,

ARLEQUIN *riant.*

AH, ah, ah, ah, que ce trait est plaisant!
Ah, ah, qui l'auroit dit....

Madame PAMÉLA.

.:, Eh qu'as-tu donc à rire ?

ARLEQUIN.

La Pamela Françoise *incognito*
Vient d'arriver en vinaigrette,
Son voyage en ces lieux est pour moi tout nou-
veau ;
Pour un moment faites retraitte.

Madame PAMÉLA.

Elle étoit morte ?

ARLEQUIN.

...Oüi, morte civilement,
Elle vient clandestinement
Me demander une audiance,
Je veux ici la lui donner.

Madame PAMÉLA.

Du sujet qui peut l'amener
Aurois-tu quelque connoissance ?

ARLEQUIN.

La voici, je vais le sçavoir,
Elle me le dira peut-être ;
Dans un moment vous n'aurez qu'à paroître.

Elle sort.

Commençons toujours par m'asseoir,
Redressons-nous, faisons un peu l'aimable,
Et profitons de ce fauteüil.

✿✿✿✿✿✿✿✿✿✿✿✿✿✿✿✿✿✿✿✿✿✿✿

SCENE IV.

PAME'LA *Françoise*, ARLEQUIN.

ARLEQUIN.

QUE voulez-vous, mon adorable ?
Ne craignez rien ici, comptez sur un accueil
Pour le moins aussi favorable
Que celui que vous fit un Public peu galant ;
C'est un rude joüeur ; parlez présentement.

PAME'LA *Françoise.*

Votre secours peut m'être utile,
Ne me l'accorderez-vous pas ?

ARLEQUIN.

ARLEQUIN.

Venez-vous chercher un azile
Chez nous après votre trépas ?

PAMÉLA *Françoise.*

Je voudrois qu'une Parodie
De quelques-uns de vos Auteurs
Pût me rappeller à la vie.

ARLEQUIN.

Vous aurez part à nos faveurs,
Allez, je vous le certifie ;
Mais notre Parodie aura peu de succès,
Si vous ne paroissez encore sur la scene,
Le Public vous connoît à peine,
Il nous fera notre procès ;
Pour voir ces traits de ressemblance,
Ces défauts à propos repris,
Il faudroit pour le moins qu'il en eût connoissance.
Si vous eussiez attiré tout Paris,
Ou que nous ayons l'assemblée
Que vous eûtes précisément,
La Critique seroit aisée.
Vaille que vaille, on la fera pourtant,

B

Nous préviendrons notre auditoire,
Nous ne travaillons pas nous autres pour la gloire,
Ce n'est pas le goût d'apréfent.

PAME'LA *Françoife.*

Surtout point de plaifanterie
Qui donne prife à ces rieurs
Qui ne vont à la Comédie
Que pour en être les Cenfeurs.
Daubez, daubez fur le Parterre,
Et le fiflez pour me vanger,
En vérité c'eft une étrange affaire
Qu'on ne puiffe venir à bout de le ranger.

ARLEQUIN.

Ah, vous voulez que je m'explique,
Comme on a vû certains Auteurs
Qui font eux-mêmes leur Critique,
Pour éviter d'avoir de trop rudes cenfeurs;
Et qui dans leur humeur peu fage
Au lieu de blâmer leur Ouvrage,
Font des leçons aux Spectateurs.
J'y confens, qu'à cela ne tienne.
Mais voici quelqu'un qui nous vient.

PAME'LA. *Françoise.*

Je crois que c'est encore * une Bohémienne ?

* Dans la Piéce qui fut joüée aux François, la mere de Pamela ne pouvant parler à sa fille, qui étoit renfermée dans le Château du Comte, se déguise en Bohémienne, & est introduite sous ce déguisement pour dire la bonne avanture à sa fille ; ce qui produit une reconnoissance.

SCENE V.

Madame PAME'LA *déguisée,* ARLEQUIN, PAME'LA *Françoise.*

ARLEQUIN.

Consultez-la.

PAME'LA *Fran.*

. . . Je n'écoute plus rien
Et tout le monde m'importune.

Madame PAME'LA.

Sous ce déguisement je veux sonder son cœur.
Voudriez-vous sçavoir votre bonne fortune ?

B ij

LA DEROUTE

PAMELA *Fran.*

Je ne la sçais que trop, hélas! pour mon malheur,
Le Public me l'a fait connoître,
Trop sincere, il ne cache rien.

ARLEQUIN.

C'est un rusé bohêmien,
Il en sçait long & seroit votre maître
Pour un besoin dans ce grand art.

PAMELA *Fran.*

Il a tiré mon horoscope,

ARLEQUIN.

Il ne parle pas au hazard
Car il medite chez *Procope*
Les arrêts qu'il répand ensuite dans Paris,
Ses décisions font la planche,
Sans avoir vû votre belle main blanche,
A ce que vous valiez il sçut mettre le prix.

Madame PAMELA.

Il vous a donc prédit un sort bien déplorable?

PAME'LA Franc.

Il l'a prédit & l'a fait sur le champ.

Madame PAME'LA.

Que je vous plains mon cher enfant,
Vous êtes pourtant bien aimable.

PAME'LA Franc.

Aussi ne puis-je revenir
De cette fatale journée,
Moi que l'on devoit applaudir
Du public me voir la risée. . . .

Madame PAME'LA.

Avec vous il faut convenir
Que votre destin est à plaindre,
Voulez vous sçavoir l'avenir ?
De point en point je vais vous le dépeindre.

PAME'LA Franc.

Non, je ne veux plus rien sçavoir.
C'est assez du passé

LA DÉROUTE

Madame PAMELA.

. . . . . J'aime cette prudence,
Que veniez-vous chercher en France ?

PAMELA Franc.

Je conviens de mon tort, je suis au défespoir
D'avoir fait ce maudit voyage.

Madame PAMELA.

Votre mere gémit de vous voir si peu fage.
Je la connois, elle répand des pleurs
Sur votre triste deftinée.

ARLEQUIN bas.

Ferme, votre difcours doit être de durée.

Madame PAMELA.

Elle eft fenfible à vos malheurs.
Ah ! ne méprifez point la maifon paternelle
Et croyez-moi, n'en fortez plus,
Renfermez-vous dans vos vertus.

ARLEQUIN à part.

Que l'enveloppe fera belle !

Madame PAMELA.

Il est trop dangereux de paroître au grand jour ;
Je préfere une vie obscure
Au bruit, au fracas d'une Cour.

ARLEQUIN.

Chacun, dit-on, a son allure,

Madame PAMELA.

Mais vous ne me répondez rien,
Vous paroissés toute troublée ?

ARLEQUIN.

Elle parle pourtant fort bien.
Ne faites pas la mijaurée,
Vous ne jasiez pas mal au faubourg S. Germain,
Votre éternel babil nous mit presque en délire,
Il ne faut pas toujours tout dire,
On n'a plus rien le lendemain ;
N'aurons-nous pas un discours inutile
De votre façon aujourd'hui ?
L'autre jour vous en fites mille.
Parlez, parlez, on les tolere ici ;
Passons à la reconnoissance.

B iiij

Madame PAMELA *se dévoilant.*

Oui, c'est ta mere que tu vois,
Mais tu t'obstines au silence.

ARLEQUIN.

Allons, c'est à présent qu'il faut vous embrasser;
Quoi ! le plus bel endroit on le laisse passer.
Que sert-il donc de faire une reconnoissance ?

Madame PAMELA.

Je voulois voir jusqu'à quel point
Vous pourriez devant moi soutenir votre audace,
De ma fille usurper la place,
Tandis que vous ne l'êtes point.
Si sous un pareil nom vous desiriez de plaire ;
Si vous vouliez que pour elle on vous prît,
Il falloit emprunter ses traits, son caractère,
Mais vous n'en avez que l'habit.

ARLEQUIN.

Répondez, répondez à ce qu'on vous demande,
Est-ce encore de la contrebande ?
Ma foi, nous vous tenons chez nous.

Madame PAME'LA.

Ah , dans l'excès de mon couroux
Pour la punir je vais chercher main forte ;
Toi , fais fentinelle à la porte.

PAME'LA *Fran.*

Ah ! permetez qu'à vos genoux . . . .
Elle refufe de m'entendre.

ARLEQUIN.

Je vais fermer tous les verroux.
Ici vous pouvez nous attendre.

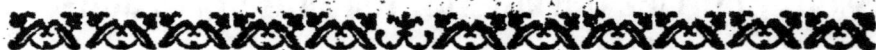

SCENE VI.

PAME'LA *Italienne.* PAME'LA *Françoife.*

PAME'LA *Italienne.*

EH ! que vais-je donc devenir !
Si cette maudite étrangere
Vouloit bien paffer pour ma mere ;
Il faut tâcher de la fléchir : . . . .
Que vois-je ? Paméla Françoife.
Que venez-vous chercher en ce quartier ?

LA DÉROUTE

PAMELA *Fran.*

Ma sœur, si j'osois vous prier
De me délivrer d'une Angloise.

PAMELA *Ital.*

Nous sommes dans le même cas,
Je ne crains pas moins sa vangeance.
Pour sortir de cet embarras
Il faut agir d'intelligence,
Embrassons-nous pour la premiere fois ;
Que toutes disputes cessantes
Nous n'ayons aujourd'hui qu'un cœur & qu'une
voix.

PAMELA *Fran.*

Dans les calamités pressantes
Il ne faut penser qu'au présent,
Où trouverons-nous un azile ?
Je n'ai vû Paris qu'en passant ;
Je ne connois pas trop la ville,
Et je n'oserois plus sortir.

PAMELA *Ital.*

Laissez, laissez crier le monde,
Il faut un peu vous aguérir,
Et braver hardiment le Public quand il gronde.
Au plutôt délogeons d'ici.

PAMELA *Fran.*

Il n'eſt pas ſûr de ſortir par la porte,
On eſt allé chercher main forte,
C'eſt Arlequin.....

PAMELA *Ital.*

..... Ce drôle eſt bien hardi.

PAMELA *Fran,*

N'auriez-vous point quelque ſecrette iſſuë ?

PAMELA *Ital.*

Non. ...

PAMELA *Fran.*

... Et par où donc vos Auteurs
Dans de certains jours de malheurs
Gagnent-ils doucement la ruë ?

PAMELA *Ital.*

Attendez, ſans chercher ſi loin,
Oui.... nous pouvons par la fenêtre
Toutes deux deſcendre au beſoin.

PAMELA *Fran.*

Eh, quoi ma ſœur ? ...

PAME'LA *Ital.*

. . . . Eh, d'où peut naître
Cette furprife ?

PAME'LA *Fran.*

. . . . Y penfez-vous,
Ce feroit apprêter à rire, . .
Et nous avons affez fait parler la fatyre :
Hélas ! que diroit-on de nous ?
Quelques mauvais plaifans peut-être
Iroient chanter par tout Paris
Que toutes les deux par mépris
On nous a fait fauter par la fenêtre

PAME'LA *Ital.*

Defcendez, defcendez de votre gravité
Il ne faut point dans fa mifere
Conferver tant de vanité,
Vous faites toujours la pincée,
Ne fçavez-vous que répandre des pleurs ?

PAME'LA *Fran.*

C'eft par-là que l'on prend les cœurs,
Qu'on intéreffe, & que l'ame charmée. . . . .

PAME'LA *Ital.*

Voici du beau , du larmoyant ,
Mais il eſt déplacé , je ne puis vous entendre
Verſer des larmes à préſent ;
Oui , c'eſt bien le tems d'en répandre ;
Pour moi je veux fuir promptement ,
Et je ne ſçais que la fenêtre ,
Cet eſcalier n'eſt pas galant.

PAME'LA *Fran.*

Eh , que ſçait-on , on nous ſuivra peut-être ;
* *Du moins aurons-nous des chevaux ?*
Si nous allons à pieds nous ſerons attrapées ,
Et du Public toutes deux mépriſées.
Mais , je n'ai point d'argent.

PAME'LA *Ital.*

. . . . C'eſt le plus grand des maux ;

PAME'LA *Fran.*

Sommes-nous loin de la riviere ?

* *Ces deux Vers ſe trouvoient mot pour mot dans la bouche de la Paméla qui fut jouée au Fauxbourg ſaint Germain.*

LA DÉROUTE

Si je puis en gagner les bords
Je me jette dedans, la tête la premiere,

PAMÉLA *Ital.*

Tout doux, modérez ces transports.

PAMÉLA *Fran.*

Auriez-vous un vivier * ou quelque puits, n'im-
porte !

PAMÉLA *Ital.*

Nous avons une trape ** où le diable en voleur,
Lorsque nous ne sçavons que faire d'un Acteur,
   Pour nous débarasser l'emporte,
Frapez du pied. . . . .

PAMÉLA *Fran.*

. . . . Je frape vainement.

PAMÉLA *Ital.*

La machine a manqué.

---

  * *La Paméla des François va pour se jetter dans un vivier,
& se contente d'y jetter ses habits.*
  ** *Dans la Paméla qui fut jouée aux Italiens, l'Auteur de
cette Piece pour se débarasser du Jardinier que Paméla alloit
épouser au préjudice du Marquis, le fait disparoître par une
trape, & il n'en est plus question, c'est un diable couleur de
rose qui fait ce prodige.*

PAME'LA *Fran.*

. . . . L'on va chercher main forte,
Déja l'on entoure la porte.
Adieu donc pour jamais Paris.

PAME'LA *Ital.*

Je ne dis pas la même chose,
Je m'y suis fait quelques amis ;
Et quoique le Public en glose,
On m'y verra paroître encor,
Car voici le second voyage.

PAME'LA *Fran.*

Moi je cours me jetter dans les bras de la mort.
Fuyons , j'entens faire tapage.

SCENE VII.

LA MERE BLEUE, ARLEQUIN.

ARLEQUIN.

QUEL objet raviffant se présente à mes yeux!
Des beaux arts la mere cherie ,

LA DÉROUTE

La gloire de la Librairie,
L'Imprimeuse des Livres bleus.

LA MERE BLEUE.

J'ai des Auteurs sur le bord de la Seine
Qui ne sont pas plus beaux parleurs ;
Plus de deux vous valent à peine.

ARLEQUIN.

Ah , vos discours sont trop flatteurs.

LA MERE BLEUE.

Je viens vous rendre une visite,
Mais je garde l'incognito ,
Je cherche les gens de mérite.

ARLEQUIN.

J'en ai donc à vos yeux ?

LA MERE BLEUE.

. . . . Estimerai-je un sot?
Un ignorant ? moi qui toujours me pique
D'avoir de tous les beaux esprits

De

De la Province & de Paris
Les chefs-d'œuvres dans ma boutique.

ARLEQUIN.

Vous venez en recrüe, ah ! le bon tems pour vous;

LA MERE BLEUE.

Il n'est pas si mauvais que chacun se recrie.
Dieu merci, je gagne ma vie.

ARLEQUIN.

Mais pourquoi débarquer chez nous ?

LA MERE BLEUE.

Je cherche Paméla depuis qu'elle est en France,

ARLEQUIN.

Vous n'avez donc pas vû la Gazette à la main ?
Vous auriez été droit au faubourg S. Germain.
Une autre Paméla brigue la préference;
Elle fit grand fracas, en arrivant grand bruit,
Mais elle délogea dès la premiere nuit,
Et comme l'on dit sans trompette
Elle profita du broüillard.

C

LA MERE BLEUE.

J'y fus le lendemain, je trouvai maison nette,
　　Je suis venue un jour trop tard,
Je ne la croyois pas un oiseau de paffage
　　Qui ne verroit Paris qu'un jour ;
　　Car j'aurois hâté mon voyage.

ARLEQUIN.

Vous pourrez en ces lieux lui faire votre cour.

LA MERE BLEUE.

Elle feroit ici ? l'avanture eft jolie ,
　Que veut-elle aux Italiens ?

ARLEQUIN.

Une petite Parodie.

LA MERE BLEUE,

Je la retiens , je la retiens ,

ARLEQUIN.

Ah , vous l'aurez , c'eft bien la moindre chofe ,
　Lorfque l'on en fait c'eft pour vous ,

Ainsi sans sortir de chez nous,
Vous aurez l'ouvrage & sa glose.

SCENE VIII.

Madame PAME'LA, LA MERE BLEUE,
ARLEQUIN.

ARLEQUIN.

AH, venez la chere Maman,
Au mieux j'ai trouvé votre affaire,
Il n'est besoin présentement
Ni d'Exempt ni de Commissaire,
Cette charmante Veuve est notre vrai balot,
Pour faire son éloge il ne faut qu'un seul mot,
Elle renferme en sa boutique
Ces chefs d'œuvres divins du Pont-Neuf si connus,
Les recueils des Bons mots, Almanachs, Art magique,
Chansons, Roger-bon-Tems, avec Fortunatus,
Est-elle en vogue en Angleterre ?

Madame PAME'LA.

On y vante très-fort sa belle impression.

B ij

LA DÉROUTE

LA MERE BLEUE.

J'imprime pour toute la terre,

ARLEQUIN.

Et pour le Zodiaque avec permiffion,
Je vais chercher nos Demoifelles
Parlez, n'y confentez-vous pas ?

Madame PAME'LA.

De tout mon cœur, tu les lui livreras.

LA MERE BLEUE.

J'ai des habits * tout prêts pour elles.

* *Ce font des Mantelets de papier bleu.*

SCENE IX.

LA MERE BLEUE, *Madame* PAME'LA.

Madame PAME'LA.

Oui, vous pouvez les conduire chez vous,

LA MERE BLEUE.

Dès demain je les mene à Troye,
Les quatre Fils Aymond les verront avec joie,
Ils deviendront peut-être leurs Epoux,
L'une & l'autre, dit-on, vouloit être Comtesse,
Elles n'y perdront rien ; les quatre Fils Aymond
Sont d'une ancienne Maison,
On vante par tout leur Noblesse :
De ces deux fausses Paméla
Dit-on enfin quelle est la véritable mere ?
Connoissez-vous leur caractére ?

Madame PAME'LA.

Arlequin vous en parlera,
A peine puis-je les connoître ;
De la Cadette on dit des traits.....?

LA MERE BLEUE.

Nous les corrigerons peut-être.

Madame PAME'LA.

Elle a trop de défauts, c'en est fait pour jamais.

SCENE X. *& derniere.*

LA MERE BLEUE, *Madame* PAME'LA,
ARLEQUIN, PAME'LA *Françoise*,
PAME'LA *Italienne.*

ARLEQUIN.

Nous vous tenons enfin, belles Pouponnes,
Où couriez-vous donc si grand train?
Déja ces petites Mignones
De s'échapper avoient pris le dessein.
Croiriez-vous que cetre Pincée
Assise sur le bord du puits
Pour s'y noyer à petit bruit,
Etoit déja déshabillée?
Je suis arrivé bien à tems,
Déja sa robe étoit dedans.

Madame PAME'LA,

Mais sa robe n'est pas mouillée.

ARLEQUIN.

Elle n'a plongé qu'un moment,
En passant dans la cour le soleil l'a séchée. *

* *La Paméla des François jette ses habits dans un Vivier,*
& revient un moment après sans qu'ils soient mouillés.

LA MERE BLEUE.

Le soleil étoit bien ardent :
Mais la pauvre petite est encore gelée ;
Tâtez, c'est un petit glaçon.

ARLEQUIN.

Ah, nous sommes dans la saison,
Le froid domine cette année.

Madame PAME'LA.

En vous donnant pour mes enfans,
Toutes les deux vous m'aviez irritée :
Je voulois vous punir des plus grands châtimens,
Mais de vos maux je suis touchée,
Je vous livre à Madame ; allez, elle veut bien
Etre en ce jour votre soutien.

ARLEQUIN.

Remerciez-moi de mon zèle,
Je vous rends service aujourd'hui.
Vous pleurez ? Sçavez-vous la belle
Qu'on ne pleure jamais ici.

LA MERE BLEUE.

Consolez-vous, charmantes Reines,
C iiij

LA DÉROUTE

Je veux rétablir votre honneur;
Voici de petites Etrennes
Que je vous offre de grand cœur. *Elle met un
mantelet de papier bleu à la Paméla
Françoise.*

ARLEQUIN.

Ce mantelet vous convient à merveille,
Qu'il est mignon ! qu'il est joli !
Je suis la Parodie, il m'en faut un aussi;
Elle mérite bien une robe pareille.

PAMÉLA *Italienne.*

Je n'accepterai point un semblable ornement,
Pour m'en passer je suis assez jolie ;
Paris me voit encore très-favorablement,
Et de ces lieux je ne suis point bannie.

PAMÉLA *Françoise.*

Nous ne verrons donc plus le jour ?
Misérables infortunées !
Nous allons donc être enfermées
Sans espérance de retour?

LA MERE BLEUE.

Non , dans de certaines journées,

Et pendant les belles saisons,
Très-modestement habillées,
Vous irez promener sur les Quais, sur les Ponts.

PAMELA *Françoise.*

Ah ! pour jamais je suis perduë !

LA MERE BLEUE.

Consolez-vous, un Auteur de renom
Vous ayant quelque jour corrigée & revûë,
Vous fera le Tome second
De l'Innocence reconnuë.

PAMELA *Italienne.*

Madame, votre nom avoit charmé Paris,
Qu'il nous est devenu funeste !

ARLEQUIN *à la Mere Bleue.*

Oüi, votre nom est une peste
Fatale à tous nos beaux Esprits.

Madame PAMELA.

Je retourne dans ma Patrie,
N'ayant point l'art d'augmenter mes appas

LA DE'ROUTE

Par le secours de la minauderie,
Ce Pays ne me convient pas.

LA MERE BLEUE.

Restez en Angleterre où vous êtes chérie ;
Mais je vois arriver mon ami Sans Raison
    Mes Belles, vous allez connoître
Ceux dont mes Magazins de tout tems sont rem-
        plis,
    Comme avec eux vous allez être,
Ils feront près de vous les honneurs du logis.

Entrent Pierre de Provence, Richard sans Peur, la Belle Maguelonne, l'Innocence reconnuë, les quatre Fils Aimonds, sur le même cheval, & toute la Bibliothéque Bleue.

DIVERTISSEMENT.

ON DANSE.

SANS RAISON *chante.*

Celébrons la gloire
Des beaux Livres Bleux,

Leur Magazin fameux
Devient le Temple de Mémoire.

Beaux Livres bleus ! couleur du Tems,
Volez, ne perdez pas de précieux inſtans.

Nouvelles Brochures de France
Chez elle vous devez régner,
Vous méritez d'accompagner
La Belle Maguelonne & Pierre de Provence.

Beaux Livres bleus ! couleur du Tems,
Volez, ne perdez pas de précieux inſtans.

Auteurs à la glace,
Fretin du Parnaſſe,
Dont Paris eſt plein,
Dans ſon Magazin
Venez prendre place ;
Par vos ſoins brillans,
D'Ouvrages ſaillans
Déja nos Boutiques ſont pleines,
Rimez à l'inſtant,
Tout Paris attend
Qu'on faſſe de bonnes Etrennes.

Beaux Livres bleus ! couleur du Tems,
Volez, ne perdez pas de précieux inſtans.

ON DANSE.

RICHARD SANS PEUR *chante.*

Hélene au tems jadis par sa Beauté fatale,
   D'Illion causa le malheur :
   Par son esprit que rien n'égale,
   Une autre Hélene * a relevé l'honneur ;
   C'est en vain qu'Homere nous chante
   Des Héros moins vaillans que nous,
     De notre gloire éclatante
     Achille même est jaloux.

* *L'Imprimeuse des Livres bleus qui demeure à la nouvelle Troye.*

ON DANSE.

VAUDEVILLE.

PREMIER.

Dans sa premiere chaleur
L'Amant de tout est capable,
Il est tout feu, toute ardeur,
   C'est Robert le Diable,
   C'est Richard sans Peur :
Mais s'il voit payer sa peine,
Que deviennent ses Amours,
   En une semaine

Réduit aux discours,
C'est un Chevalier de nos jours.

SECOND.

Un présomptueux Rimeur
Croit sa Piéce incomparable,
Certain d'un succès flatteur,
    C'est Robert le Diable,
      C'est Richard sans Peur :
Vient enfin l'heure critique,
Ses plaisirs ont été courts ;
    En vain à sa Clique
      L'Auteur a recours,
C'est un Ecrivain de nos jours.

TROISIE'ME.

Le prodigue Agioteur
Subjugue un objet aimable,
De tous ses Rivaux vainqueur,
    C'est Robert le Diable,
      C'est Richard sans Peur.
Mais s'il perd de la Fortune
    Les favorables secours ;
    Sa vûë importune,
      Ses propos sont lourds,
Ce n'est qu'un Amant de nos jours.

QUATRIEME.

ARLEQUIN *voulant compofer un Couplet.*

D'un Couplet foyons l'Auteur,
Car j'ai la voix admirable,
Faites par ce bruit flatteur,   *battre des*
  De ce pauvre diable   [*mains.*
  Un Richard fans Peur.
Là, là, là..... Que veux-je dire?....
  Ah! Parterre, mes amours,
  C'eft toi qui m'infpire.......
  Point de rime en ours. ....
Au diable les vers pour toujours.

CINQUIE'ME.

Au Parterre.

Je tremble pour notre Auteur,
Dans ce moment redoutable,
Il n'eft dans fa folle ardeur,
  Ni Robert le Diable,
  Ni Richard fans Peur :
C'eft de votre complaifance
Qu'il implore le fecours,
  Un peu d'indulgence,
  Voilà fon recours,
C'eft un Ecrivain de nos jours.

Fin de la Déroute des Paméla.

APPROBATION.

J'Ai lû par ordre de Monfieur le Lieutenant Général de Police, une Comédie qui a pour titre : *La Déroute des Paméla* ; & je crois que l'on peut en permettre l'impreſſion. A Paris ce ſept Janvier 1744.   CREBILLON.

Contraste insuffisant

NF Z 43-120-14